Impressum
Verlag: BABADADA GmbH, Nedderfeld 112 , 22529 Hamburg
Geschäftsführer / Verlagsleitung: Harald Hof
Druck: Books on Demand GmbH, In de Tarpen 42, 22848 Norderstedt

Imprint
Publisher: BABADADA GmbH, Nedderfeld 112 , 22529 Hamburg, Germany
Managing Director / Publishing direction: Harald Hof
Print: Books on Demand GmbH, In de Tarpen 42, 22848 Norderstedt, Germany

学校

училище

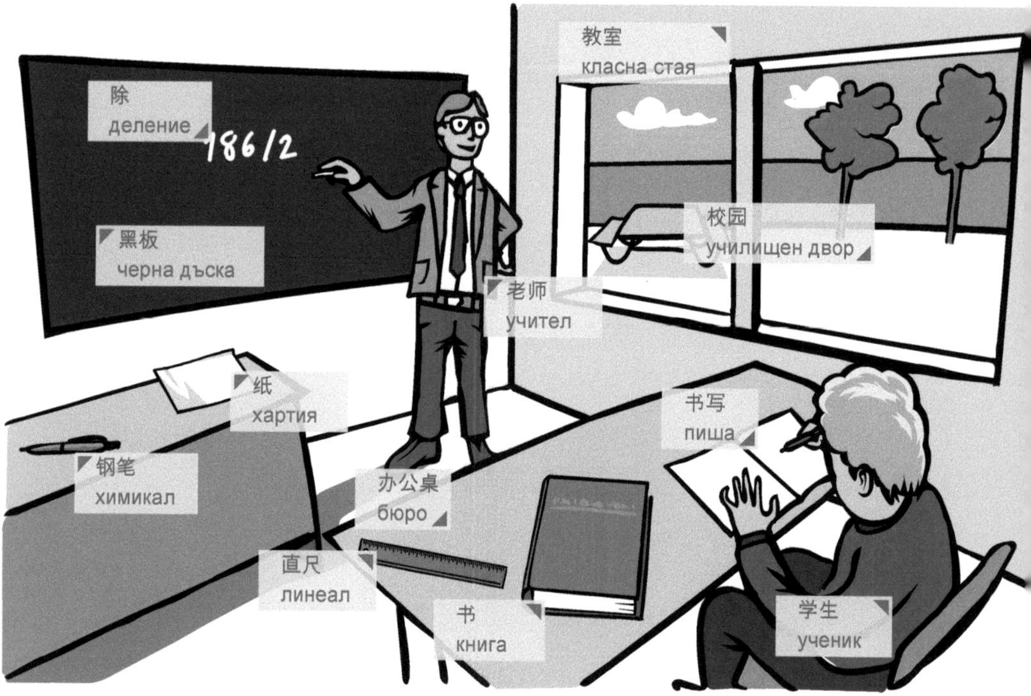

教室
класна стая
除
деление
186/2
黑板
черна дъска
校园
училищен двор
老师
учител
纸
хартия
书写
пиша
钢笔
химикал
办公桌
бюро
直尺
линеал
书
книга
学生
ученик

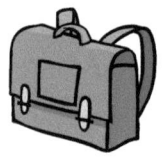

书包

ученическа раница

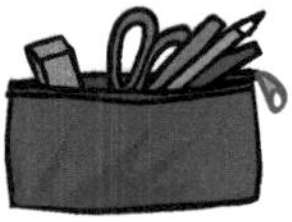

铅笔盒

ученически несесер

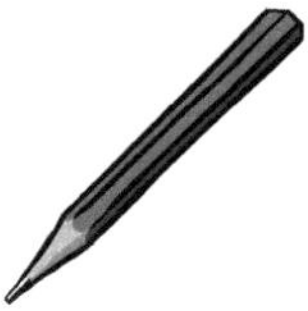

铅笔

молив

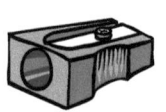

卷笔刀

острилка за моливи

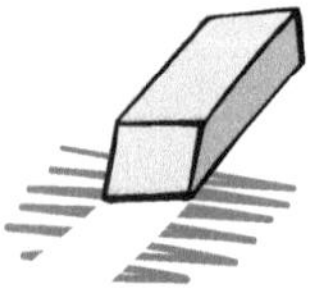

橡皮擦

гума

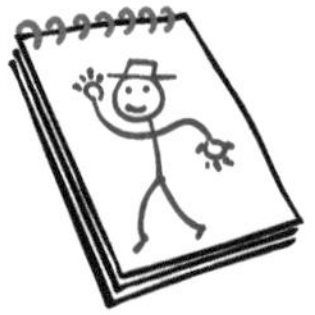

画板

блок за рисуване

图画
рисунка

画笔
четка

颜料盒
акварелни бои

剪刀
ножица

胶水
лепило

练习册
тетрадка за упражнения

家庭作业
домашна работа

12

数字
число

2+2

加
събиране

5-2

减
изваждане

2×2

乘
умножение

计算
смятане

A

字母
буква

ABCDEFG HIJKLMN OPQRSTU VWXYZ

字母表
азбука

hello

字
дума

课文

текст

读

чета

粉笔

тебешир

上课

час

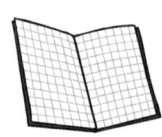

登记

дневник на класа

考试

изпит

证书

свидетелство

校服

ученическа униформа

教育

образование

百科全书

справочник

大学

университет

显微镜

микроскоп

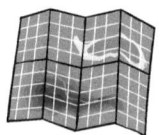

地图

карта

废纸筐

кошче за хартиени
отпадъци

旅行

пътуване

酒店
хотел
Grand
青年旅社
хостел
ROOMS
EXCHANGE
外币兑换处
обменно бюро
手提箱
куфар
汽车
кола

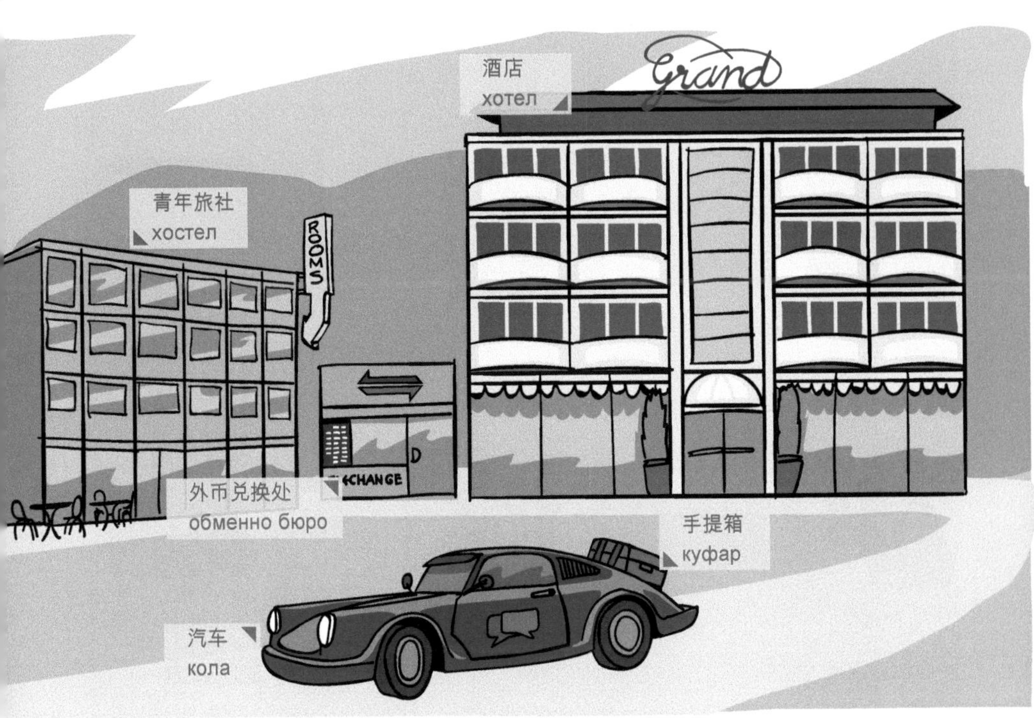

语言

език

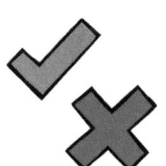

是/否

да / не

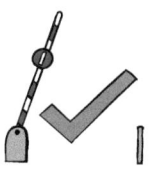

好的

Окей

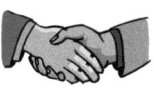

您好

здравей

翻译员

преводач

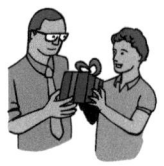

谢谢

Благодаря

……多少钱？

Колко струва…?

我不明白

Не разбирам

问题

проблем

晚上好！

Добър вечер!

早上好！

Добро утро!

晚安！

Лека нощ!

再见

довиждане

方向

посока

行李

багаж

包

пътна чанта

双肩包

раница

客人

посетител

房间

стая

睡袋

спален чувал

帐篷

палатка

旅游信息

туристическа информация

海滩

плаж

信用卡

кредитна карта

早餐

закуска

午餐

обед

晚餐

вечеря

票

билет

电梯

асансьор

邮票

пощенска марка

边界

граница

海关

митница

大使馆

посолство

签证

виза

护照

паспорт

交通运输
транспорт

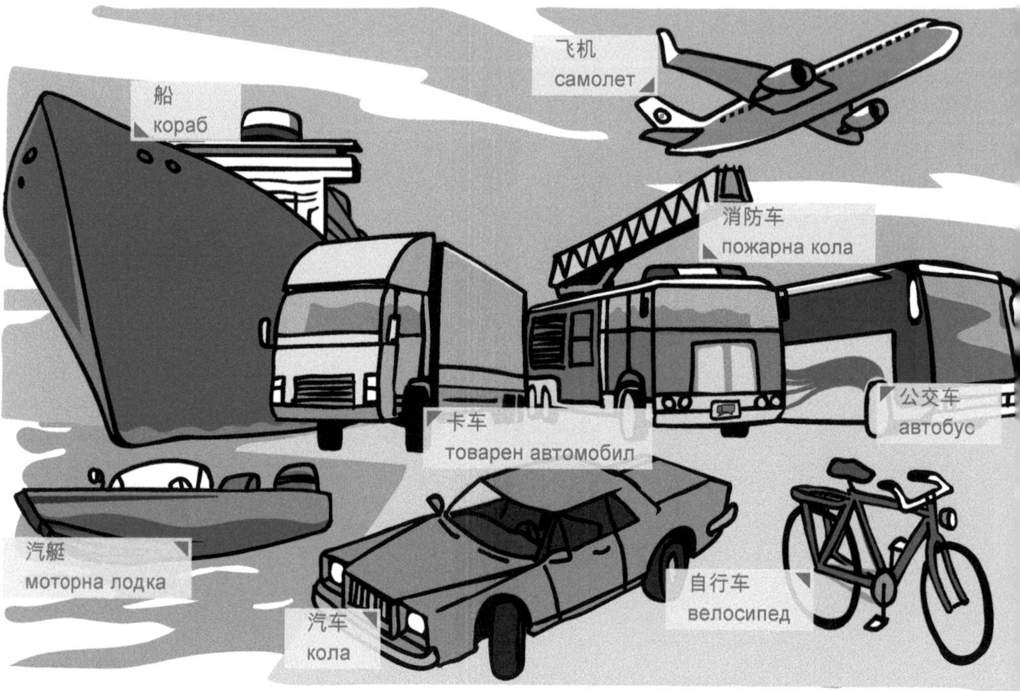

飞机
самолет

船
кораб

消防车
пожарна кола

公交车
автобус

卡车
товарен автомобил

汽艇
моторна лодка

自行车
велосипед

汽车
кола

摆渡船

ферибот

小船

лодка

摩托车

мотоциклет

警车

полицейска кола

赛车

състезателна кола

租车

кола под наем

拼车

каршеринг

拖车

автомобил от "Пътна помощ"

垃圾车

сметовоз

发动机

двигател

汽油

бензин

加油站

бензиностанция

交通标志

пътен знак

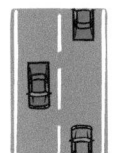

交通

улично движение

交通堵塞

задръстване

停车场

паркинг

火车站

гара

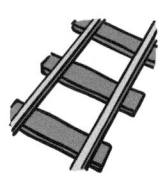

轨道

релси

火车

влак

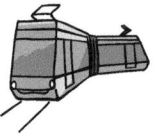

电车

трамвай

货车

вагон

交通运输 - транспорт

直升机

хеликоптер

机场

аерогара

塔

кула

乘客

пасажер

集装箱

контейнер

纸板箱

кашон

手推车

ръчна количка

篮子

кошница

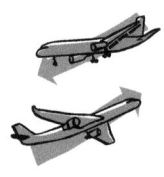

起飞/降落

излитам / приземявам се

城市

град

村庄

село

市中心

градски център

房子

къща

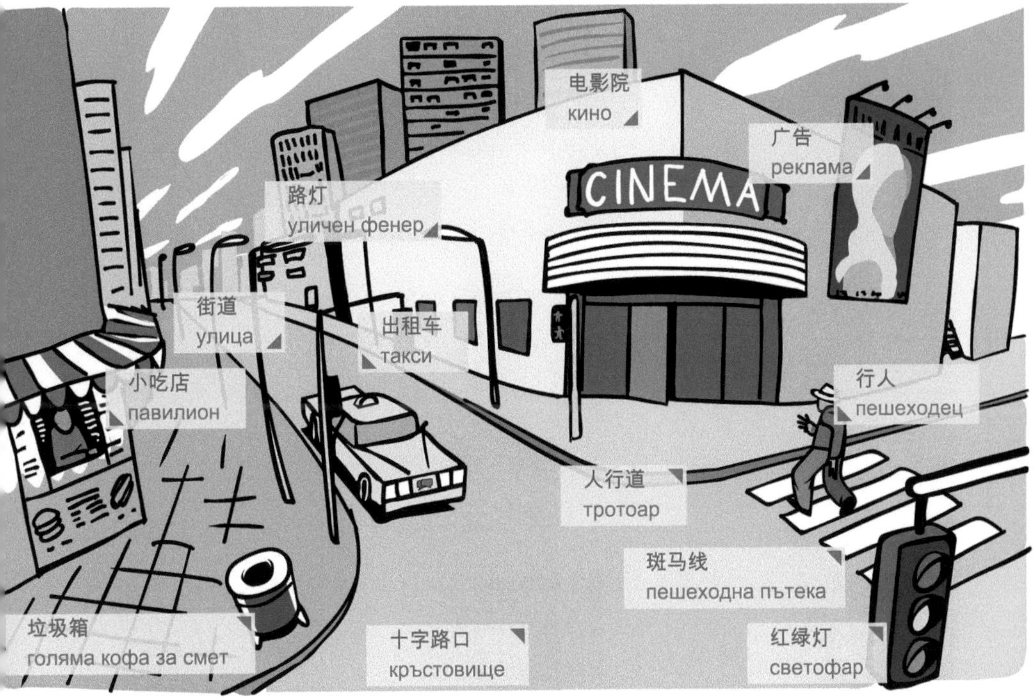

电影院
кино
广告
реклама
CINEMA
路灯
уличен фенер
街道
улица
出租车
такси
小吃店
павилион
行人
пешеходец
人行道
тротоар
斑马线
пешеходна пътека
垃圾箱
голяма кофа за смет
十字路口
кръстовище
红绿灯
светофар

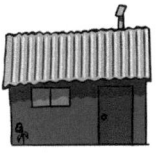

小屋

хижа

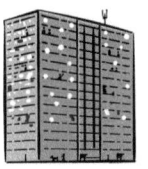

公寓

жилище

火车站

гара

市政厅

кметство

MUSEUM

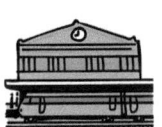

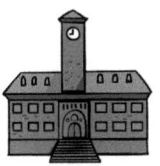

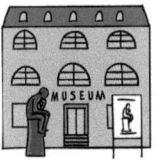

博物馆

музей

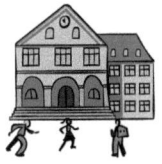

学校

училище

大学

университет

银行

банка

医院

болница

酒店

хотел

药房

аптека

办公室

офис

书店

книжарница

商店

магазин за цветя

花店

магазин за цветя

超市

супермаркет

市场

пазар

百货商店

универсален магазин

鱼店

търговец на риба

购物中心

търговски център

海港

пристанище

公园

парк

长凳

пейка

桥

мост

楼梯

стълба

地铁

метро

隧道

тунел

公交车站

автобусна спирка

酒吧

бар

餐馆

ресторант

邮筒

пощенска кутия

路标

улична табелка

停车计时器

часовник за паркинг
престой

动物园

зоологическа градина

游泳馆

плувен басейн

清真寺

джамия

城市 - град

农场

селски двор

污染

замърсяване на околната среда

墓地

гробище

教堂

църква

操场

детска площадка

寺庙

храм

地形

пейзаж

树叶
листо

指示牌
пътепоказател

路
път

草地
ливада

石头
камък

树
дърво

徒步旅行者
пътешественик

河
река

草
трева

花
цвете

峡谷

долина

山

планина

湖

море

森林

гора

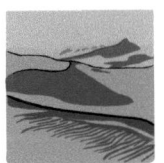

沙漠

пустиня

火山

вулкан

城堡

замък

彩虹

дъга

蘑菇

гъба

棕榈树

палма

蚊子

комар

苍蝇

муха

蚂蚁

мравка

蜜蜂

пчела

蜘蛛

паяк

甲虫

бръмбар

青蛙

жаба

松鼠

катеричка

刺猬

таралеж

野兔

заек

猫头鹰

кукумявка

鸟

птица

天鹅

лебед

野猪

диво прасе

鹿

елен

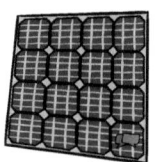

麋鹿

лос

水坝

бент

风力发电机

вятърна турбина

太阳能电池板

соларен модул

气候

климат

餐馆

ресторант

服务员
келнер
菜单
меню
椅子
стол
汤
супа
披萨饼
пица
桌布
покривка за маса
餐具
прибори за хранене

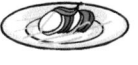

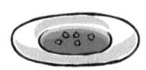

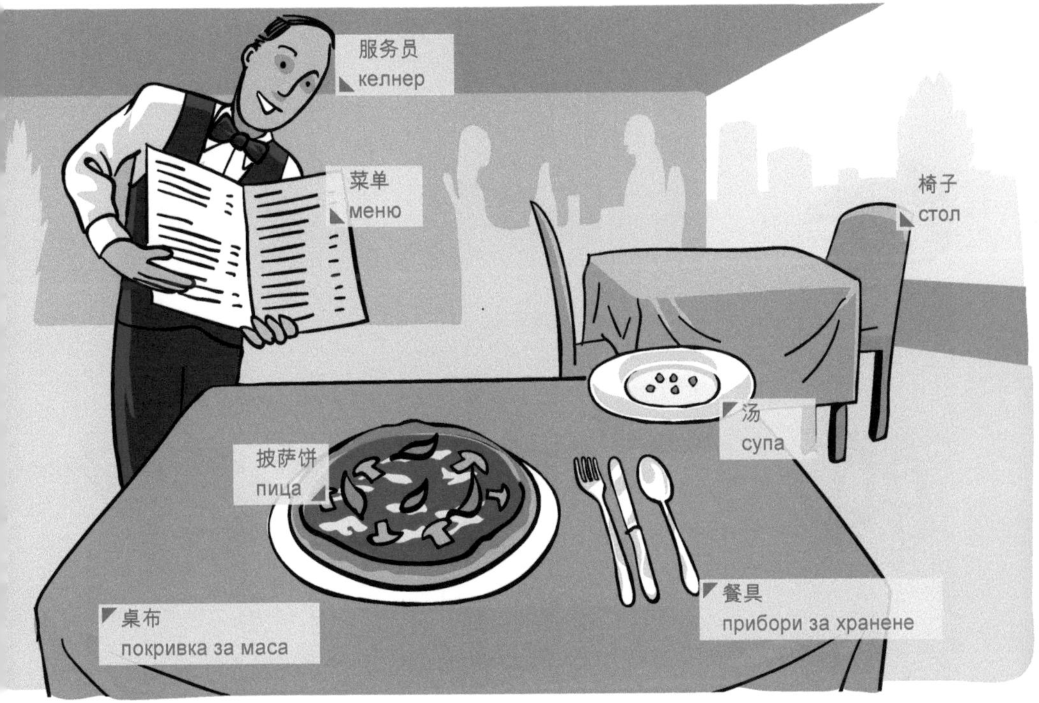

前菜

предястие

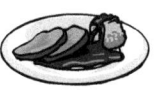

主菜

основно ястие

甜点

десерт

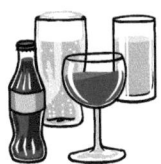

饮料

напитки

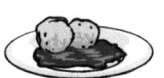

食物

ядене

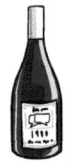

瓶子

бутилка

快餐

бързо хранене

街边小吃

улична храна

茶壶

кана за чай

糖盒

кутия за захар

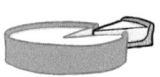

一份饭菜

порция

意式咖啡机

еспресо машина

高脚椅

висок детски стол

账单

сметка

托盘

табла

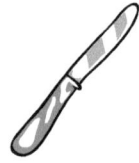

刀

ножица за нокти

餐叉

вилица

勺子

лъжица

茶匙

чаена лъжичка

餐巾

салфетка

玻璃杯

стъклена чаша

碟子

чиния

汤盘

чиния за супа

碟子

чинийка

酱

сос

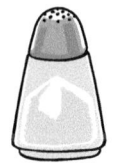

盐瓶

солница

胡椒磨

мелничка за черен пипер

醋

оцет

食用油

олио

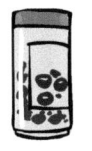

调味料

подправки

番茄酱

кетчуп

芥末

горчица

蛋黄酱

майонеза

超市

супермаркет

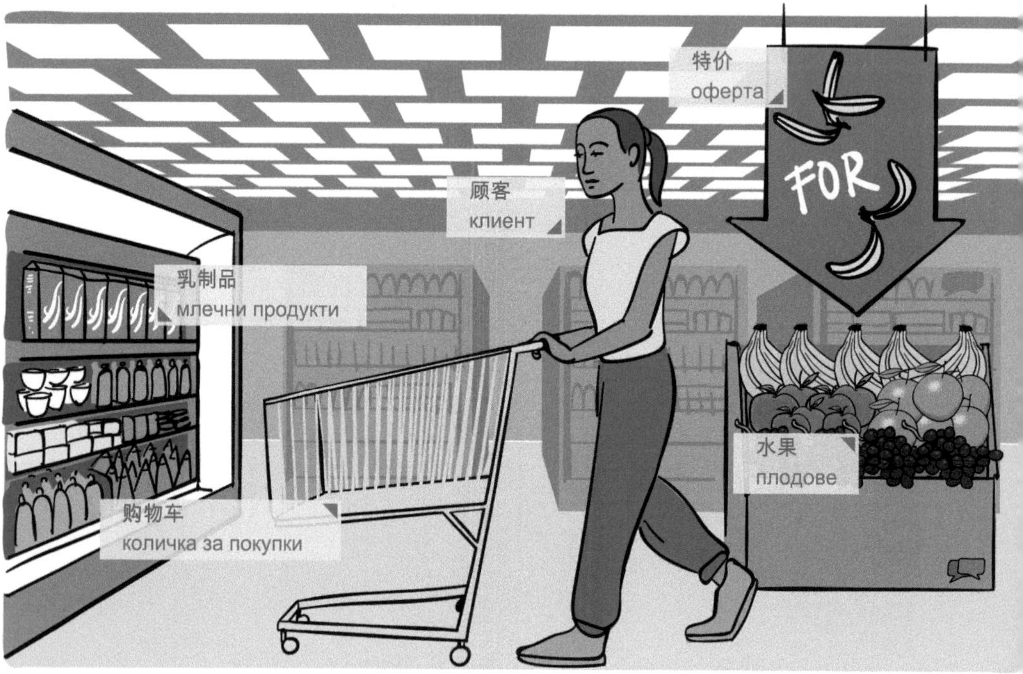
特价
оферта
FOR
顾客
клиент
乳制品
млечни продукти
水果
плодове
购物车
количка за покупки

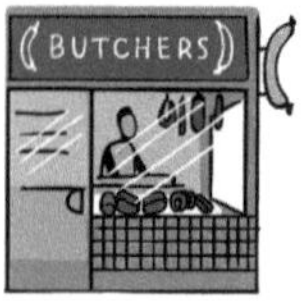
BUTCHERS

肉铺

кланица

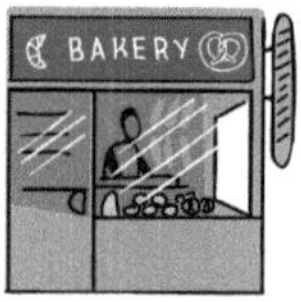
BAKERY

面包房

хлебарница

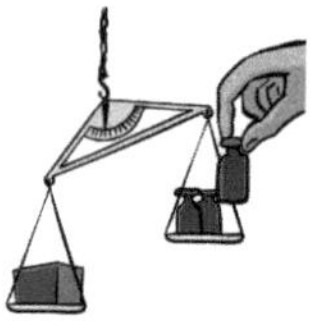

称重

тегля

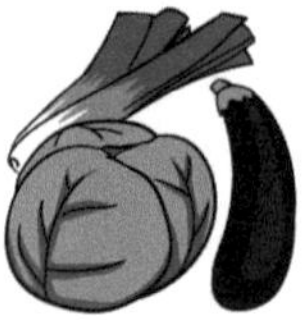

蔬菜

зеленчуци

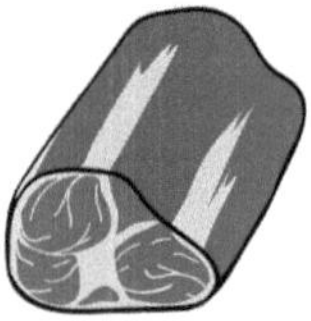

肉

месо

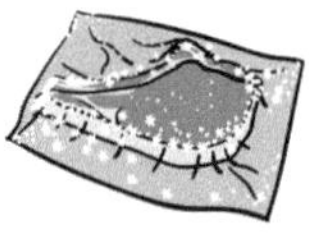

冷冻食品

дълбоко замразена храна

冷盘

нарязан колбас или сирене

罐头食品

консерви

洗衣粉

перилен препарат

甜食

лакомства

日用品

домакински изделия

清洁用品

почистващи препарати

销售员

продавачка

收银机

каса

收银员

касиер

购物清单

списък на покупките

开放时间

работно време

钱包

портфейл

信用卡

кредитна карта

袋子

чанта

塑料袋

пластмасова торба

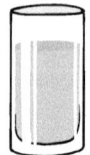

水

вода

果汁

сок

牛奶

мляко

可乐

кола

红酒

вино

啤酒

бира

酒

алкохол

可可

какао

茶

чай

咖啡

кафе машина

意式浓缩咖啡

еспресо

卡布奇诺

капучино

香蕉

банан

苹果

ябълка

橙子

портокал

西瓜

пъпеш

柠檬

лимон

胡萝卜

морков

大蒜

чесън

竹子

бамбук

洋葱

лук

蘑菇

гъба

坚果

ядки

面条

макарони

意大利面条

спагети

米饭

ориз

沙拉

салата

薯条

пържени картофи

炸土豆

печени картофи

披萨饼

пица

汉堡包

хамбургер

三明治

сандвич

炸猪排

шницел

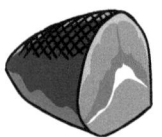

火腿

шунка

萨拉米

траен колбас

香肠

салам

鸡肉

пиле

烤肉

печено

鱼

риба

燕麦片

овесени ядки

穆兹利

мюсли

玉米片

корнфлейкс

面粉

брашно

羊角面包

кроасан

面包卷

хлебчета

面包

хляб

烤面包

препечена филийка

饼干

бисквити

黄油

масло

凝乳

извара

蛋糕

сладкиш

蛋

яйце

煎蛋

яйца на очи

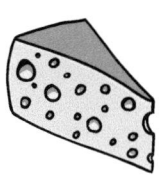

奶酪

сирене

冰激凌

сладолед

糖

захар

蜂蜜

мед

果酱

мармалад

巧克力酱

нуга крем

咖喱饭

къри

农场

селски двор

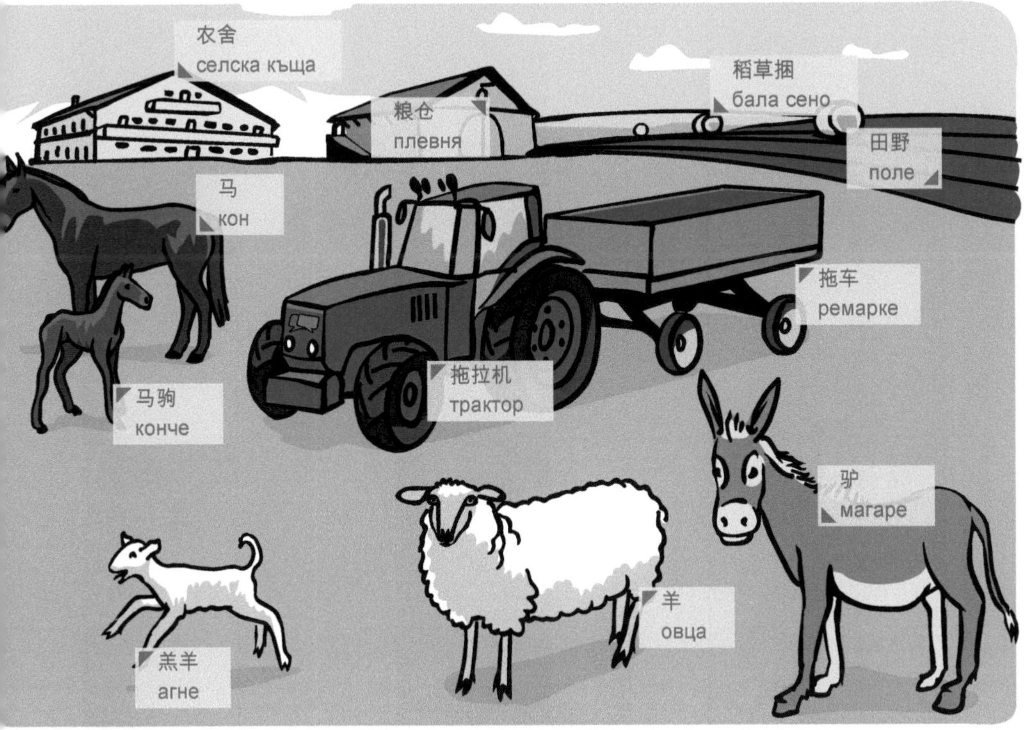

农舍
селска къща
粮仓
плевня
稻草捆
бала сено
田野
поле
马
кон
拖车
ремарке
拖拉机
трактор
马驹
конче
驴
магаре
羊
овца
羔羊
агне

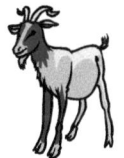

山羊

коза

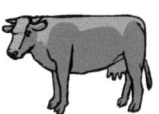

奶牛

крава

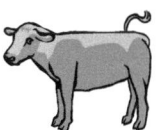

牛犊

теле

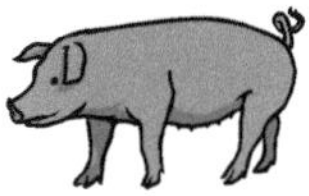

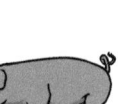

猪

свиня

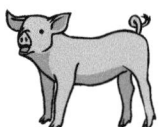

小猪

прасенце

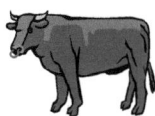

公牛

бик

鹅

гъска

鸭

патица

小鸡

пиленце

母鸡

кокошка

公鸡

петел

鼠

плъх

猫

котка

老鼠

мишка

牛

вол

狗

куче

狗屋

кучешка колиба

花园浇水软管

градински маркуч

洒水壶

лейка

长柄大镰刀

коса

犁

плуг

镰刀

сърп

锄头

мотика

长柄草耙

вила за тор

斧头

брадва

独轮手推车

ръчна количка

饲料槽

корито

牛奶罐

съд за мляко

麻布袋

чувал

栅栏

ограда

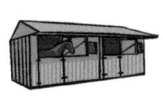

马厩

обор

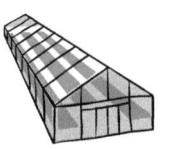

温室

парник

土壤

земя

种子

сеитба

肥料

тор

联合收割机

комбайн

收割

жъна

收割

реколта

山药

ямс

小麦

жито

大豆

соя

土豆

картоф

玉米

царевица

油菜籽

рапица

果树

овощно дърво

树薯

маниока

谷物

зърнени храни

农场 - селски двор

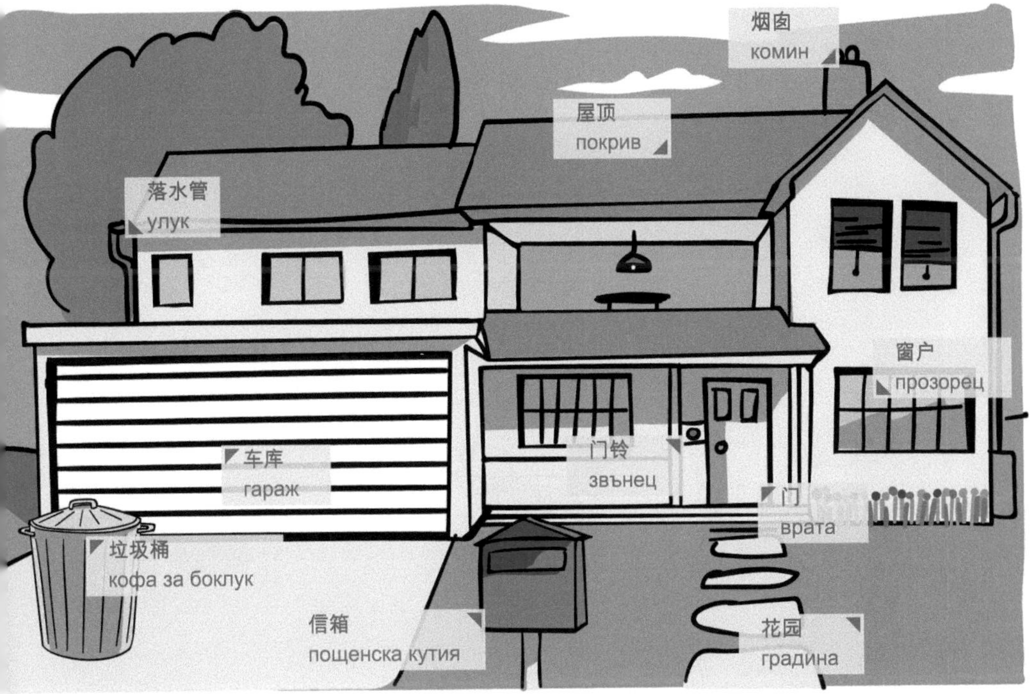

烟囱
комин

屋顶
покрив

落水管
улук

窗户
прозорец

车库
гараж

门铃
звънец

门
врата

垃圾桶
кофа за боклук

信箱
пощенска кутия

花园
градина

客厅

всекидневна

浴室

баня

厨房

кухня

卧室

спалня

儿童房

детска стая

餐厅

трапезария

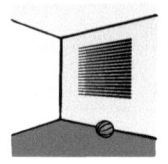

地板

под

墙壁

стена

吊顶

таван

地窖

изба

桑拿

сауна

阳台

балкон

露台

тераса

游泳池

плувен басейн

割草机

косачка

被单

спално бельо

床罩

покривка за легло

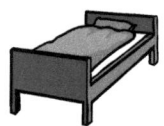

床

легло

扫帚

метла

水桶

кофа

开关

електрически ключ

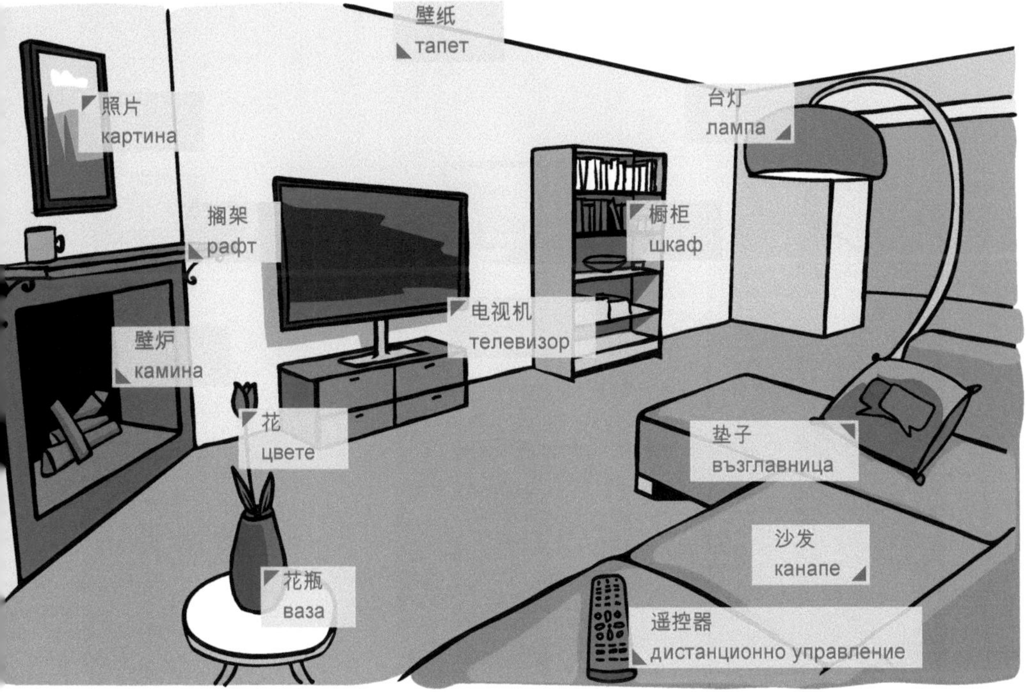

壁纸
тапет

照片
картина

台灯
лампа

搁架
рафт

橱柜
шкаф

壁炉
камина

电视机
телевизор

花
цвете

垫子
възглавница

花瓶
ваза

沙发
канапе

遥控器
дистанционно управление

地毯

килим

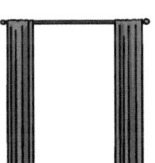

窗帘

завеса

餐桌

маса

椅子

стол

摇椅

люлеещ се стол

扶手椅

кресло

书

книга

毯子

одеяло

装饰品

декорация

木柴

дърва за отопление

电影

филм

高保真音响

стерео уредба

钥匙

ключ

报纸

вестник

油画

живопис

海报

постер

收音机

радио

笔记本

бележник

吸尘器

прахосмукачка

仙人掌

кактус

蜡烛

свещ

厨房
кухня

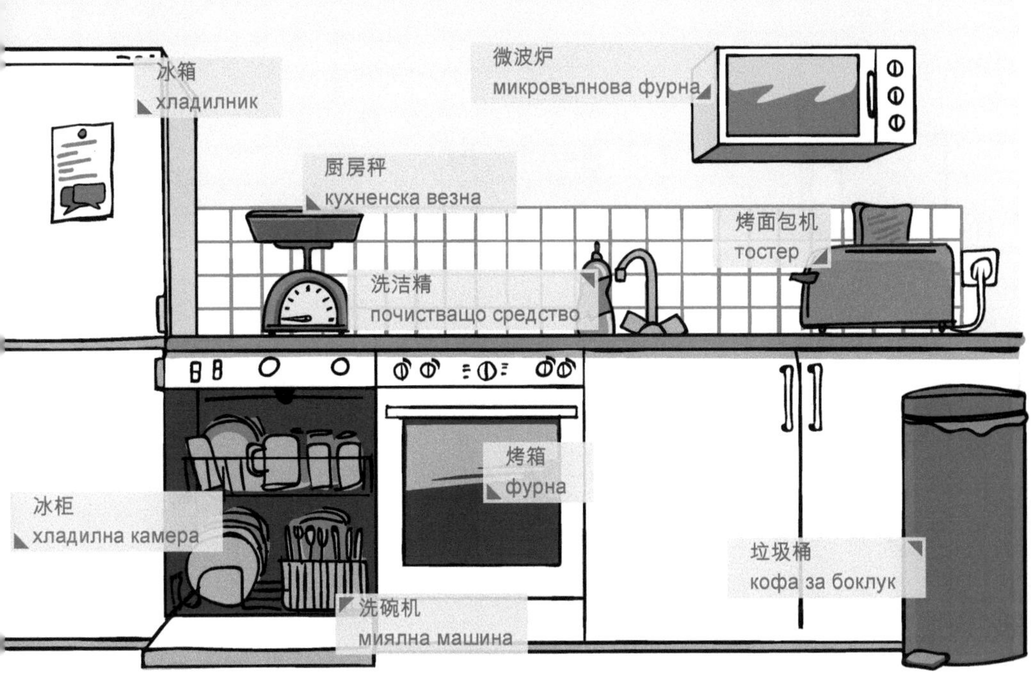

冰箱
хладилник
微波炉
микровълнова фурна
厨房秤
кухненска везна
烤面包机
тостер
洗洁精
почистващо средство
烤箱
фурна
冰柜
хладилна камера
垃圾桶
кофа за боклук
洗碗机
миялна машина

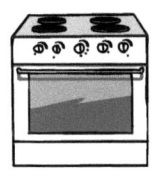

炊具

готварска печка

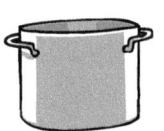

锅

тенджера

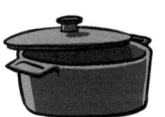

铸铁锅

желязна тенджера

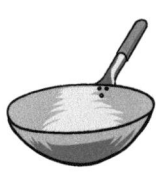

炒锅

уок / кадаи

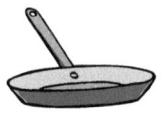

平底锅

тиган

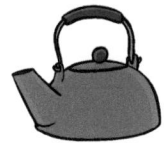

水壶

кана за затопляне на вода

蒸锅

уред за готвене на пара

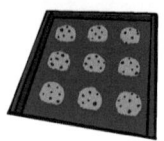

烤盘

тава за печене

陶瓷锅

съдове

马克杯

чаша

碗

купа

筷子

клечки за хранене

长柄勺

черпак

铲子

лопатка за тиган

搅拌器

тел за разбиване (на яйца, белтъци)

滤网

кошница за варене

筛子

гевгир

磨碎机

ренде

研钵

хаван

烧烤

барбекю

明火

огнище

菜板

дъска

擀面杖

точилка

开瓶器

тирбушон

罐子

кутия

开罐器

отварачка за консерви

隔热手套

кухненска ръкохватка

水槽

мивка

刷子

четка

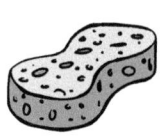

海绵

гъба

搅拌机

миксер

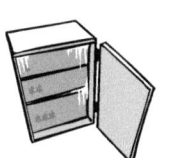

冷藏箱

фризер

奶瓶

бебешко шише

水龙头

воден кран

浴室
баня

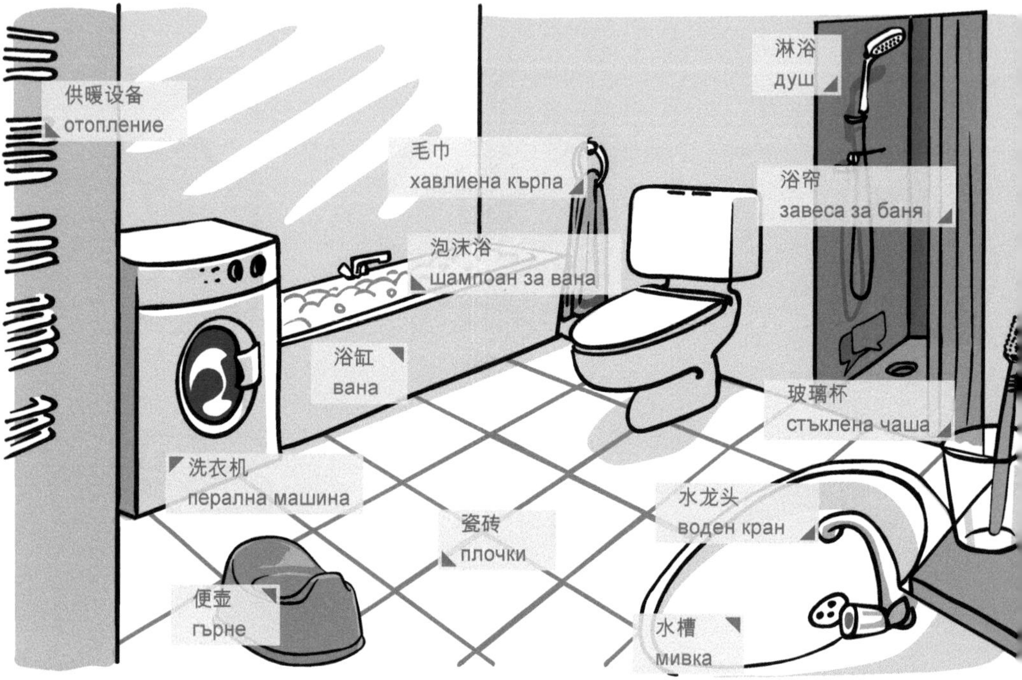
供暖设备
отопление
毛巾
хавлиена кърпа
淋浴
душ
浴帘
завеса за баня
泡沫浴
шампоан за вана
浴缸
вана
玻璃杯
стъклена чаша
洗衣机
перална машина
水龙头
воден кран
瓷砖
плочки
便壶
гърне
水槽
мивка

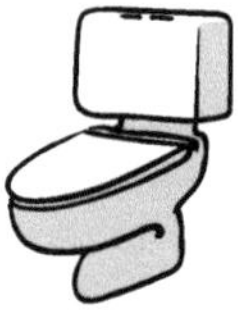

厕所

тоалетна

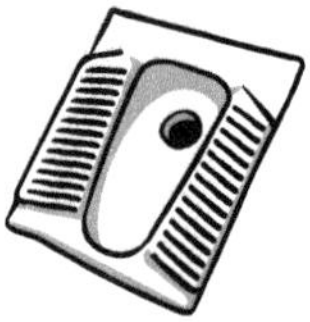

蹲便器

клекало

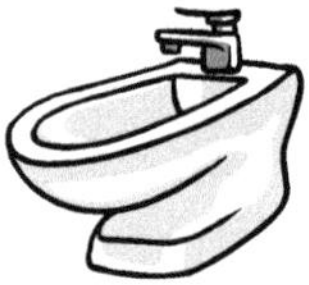

坐浴器

биде

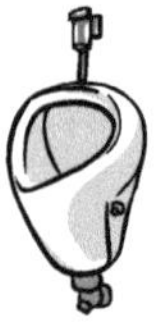

小便池

писоар

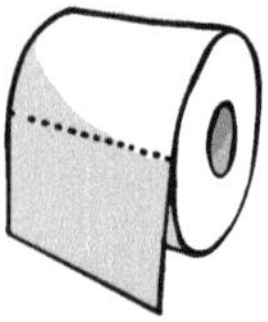

厕纸

тоалетна хартия

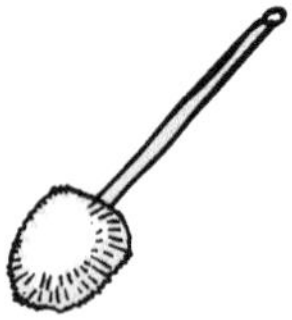

马桶刷

четка за тоалетна

牙刷

четка за зъби

牙膏

паста за зъби

牙线

конец за зъби

洗

мия

手持式喷淋头

ръчен душ

冲洗器

интимен душ

洗脸盆

леген

擦背刷

четка за гръб

肥皂

сапун

沐浴露

душ гел

洗发水

шампоан за вана

法兰绒

гъба за баня

排水

сифон

乳霜

крем

除臭剂

дезодорант

浴室 - баня

镜子

огледало

手镜

козметично огледало

剃须刀

ръчна самобръсначка

剃须泡沫

пяна за бръснене

须后水

одеколон за след
бръснене

梳子

гребен

刷子

четка

吹风机

сешоар

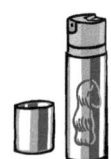

喷发定型剂

спрей за коса

化妆品

грим

唇膏

червило

指甲油

лак за нокти

化妆棉

памук

指甲剪

ножица за нокти

香水

парфюм

洗漱包

토아letna чантичка
(токaletна чантичка)

凳子

табуретка

计重秤

везна

浴袍

хавлия

橡胶手套

домакински ръкавици

卫生棉条

тампон

卫生巾

дамски превръзки

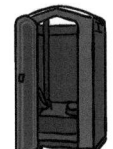

化学厕所

химическа тоалетна

儿童房

детска стая

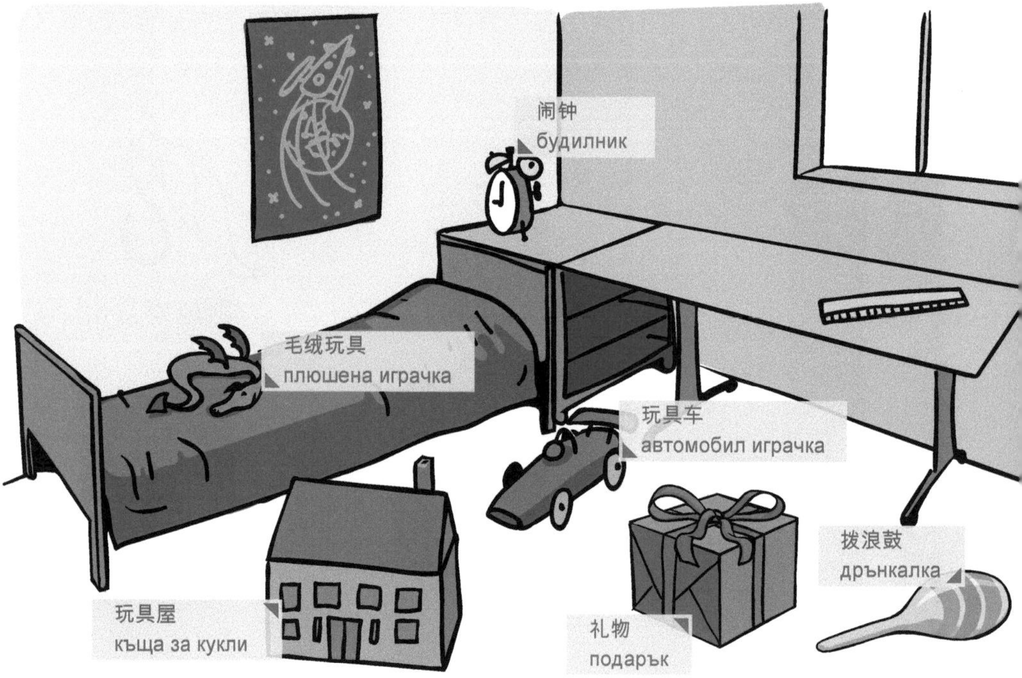

闹钟
будилник
毛绒玩具
плюшена играчка
玩具车
автомобил играчка
拨浪鼓
дрънкалка
玩具屋
къща за кукли
礼物
подарък

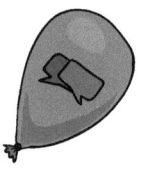

气球

балон

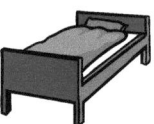

床

легло

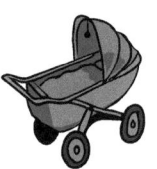

（洋娃娃用）婴儿车

детска количка

扑克牌

игра на карти

拼图

пъзел

SUPER MEGA

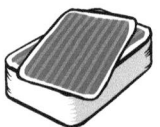

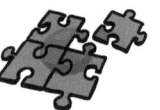

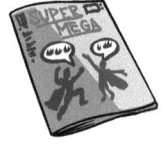

漫画

комикс

乐高积木

лего елементи

积木玩具

строителни елементи

玩具人

екшън фигурка

婴儿服

бебешки гащеризон

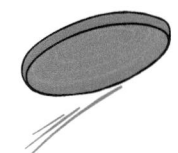

飞盘

фрисби

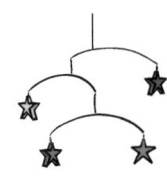

床铃玩具

бебешки играчки за легло

棋盘游戏

настолна игра

骰子

зарче

火车模型

миниатюрно влакче

安抚奶嘴

биберон

聚会

парти

绘本

детска книга с илюстрации

球

топка

洋娃娃

кукла

玩

играя

沙坑

пясъчник

秋千

люлка

玩具

играчка

游戏机

игрова конзола

三轮车

велосипед с три колелета

泰迪熊

плюшено мече

衣柜

гардероб

衣服

облекло

袜子

къси чорапи

长袜

дълги чорапи

紧身裤

чорапогащник

围巾
шал

雨伞
чадър

皮带
колан

T恤
T-шърт

靴子
ботуши

拖鞋
пантофи

运动鞋
гуменки

凉鞋
сандали

鞋
обувки

雨靴
гумени ботуши

内裤
слип

胸罩
сутиен

背心
долна блуза

衣服 - облекло

45

身体

боди

裤子

панталон

牛仔裤

дънки

短裙

пола

女式衬衫

блуза

衬衫

риза

套头衫

пуловер

卫衣

суичър

西装夹克

блейзър

夹克

яке

外套

палто

雨衣

дъждобран

套装

костюм

连衣裙

рокля

婚纱

булчинска рокля

西装

костюм

睡袍

нощница

睡衣

пижама

莎丽

сари

头巾

кърпа за глава

包头巾

тюрбан

波卡

бурка

卡夫坦

кафтан

(阿拉伯式)长袍

абая

泳衣

бански костюм

男式泳裤

плувни шорти

短裤

къс панталон

运动服

анцуг

围裙

престилка

手套

ръкавици

纽扣
копче

眼镜
очила

手链
гривна

项链
верижка

戒指
пръстен

耳环
обеца

便帽
каскет

衣架
закачалка

帽子
шапка

领带
вратовръзка

拉链
цип

头盔
каска

背带
тиранти

校服
ученическа униформа

制服
униформа

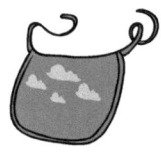

围兜

лигавник

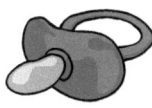

安抚奶嘴

биберон

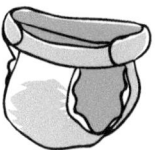

尿不湿

пелена

办公室

офис

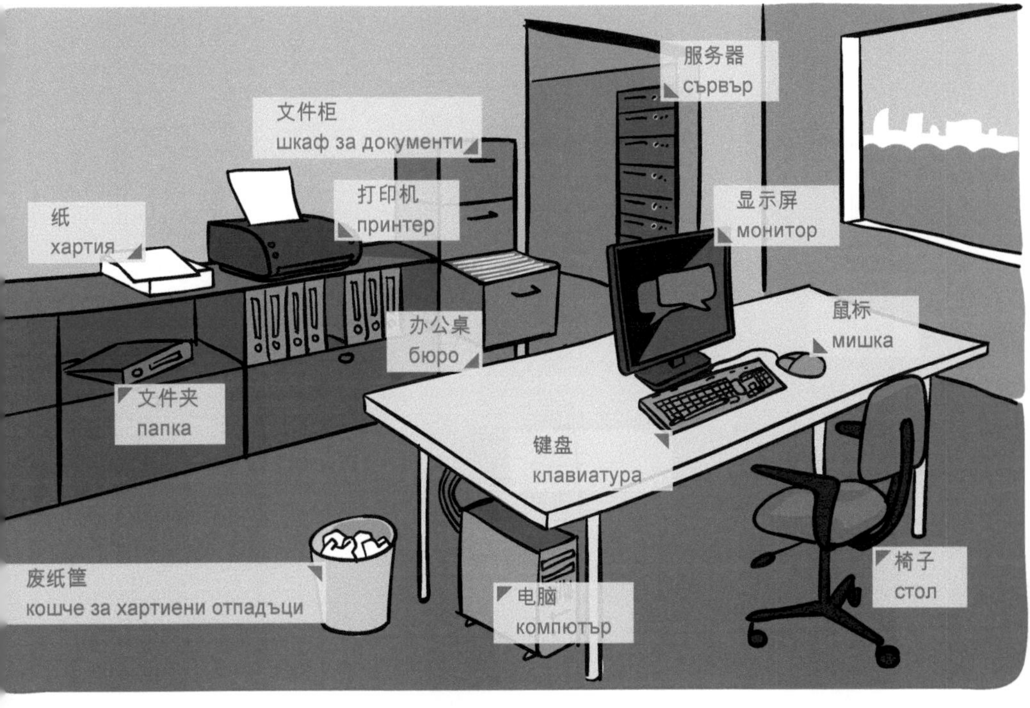
服务器
сървър
文件柜
шкаф за документи
纸
хартия
打印机
принтер
显示屏
монитор
鼠标
мишка
办公桌
бюро
文件夹
папка
键盘
клавиатура
废纸筐
кошче за хартиени отпадъци
电脑
компютър
椅子
стол

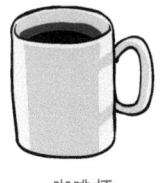

咖啡杯

чаша за кафе

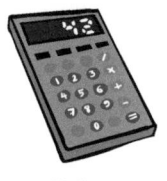

计算器

джобен калкулатор

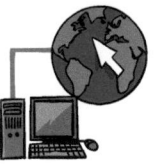

因特网

интернет

笔记本电脑

лаптоп

信件

писмо

消息

съобщение

手机

мобилен телефон

网络

мрежа

复印机

ксерокс

软件

софтуер

电话

телефон

插座

контакт

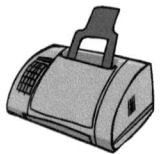

传真机

факс

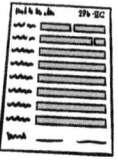

表格

формуляр

文件

документ

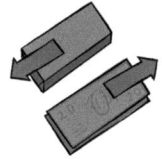

买
....
купувам

付钱
....
плащам

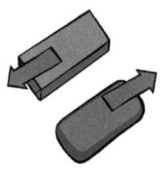

交易
....
търгувам

现金
....
пари

美元
....
долар

欧元
....
евро

日元
....
йена

卢布
....
рубла

瑞士法郎
....
швейцарски франк

人民币
....
ренминби юан

卢比
....
рупия

提款处
....
банкомат

外币兑换处

обменно бюро

金

злато

银

сребро

石油

нефт

能源

енергия

价格

цена

合同

договор

税金

данък

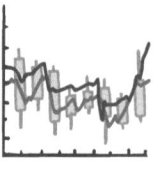

股票

акция

工作

работя

职员

служител

老板

работодател

工厂

фабрика

商店

магазин за цветя

职业
професии

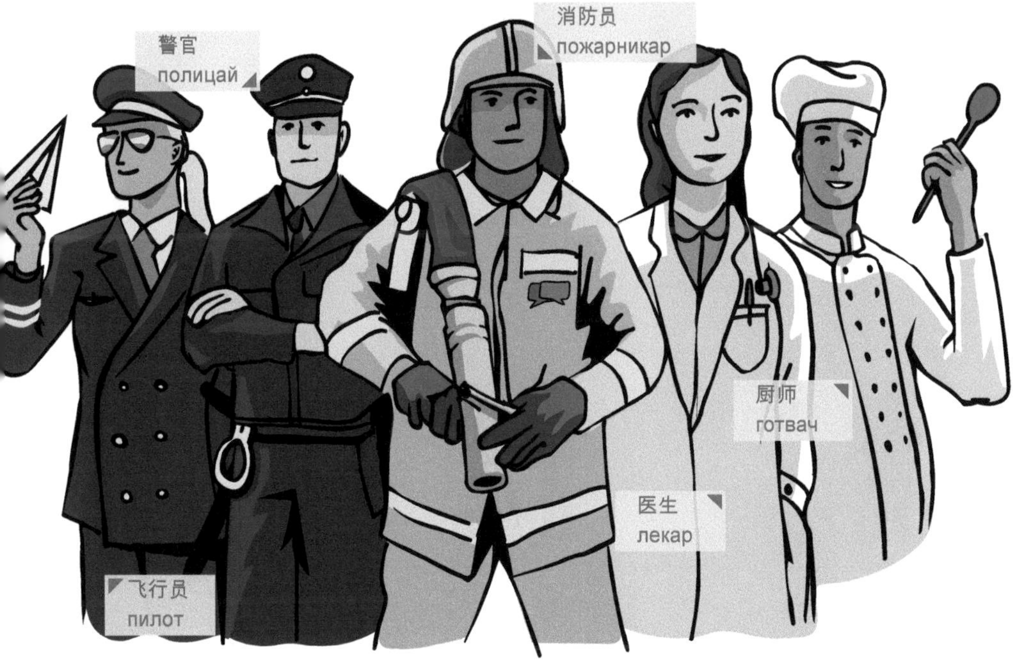
警官
полицай
消防员
пожарникар
厨师
готвач
医生
лекар
飞行员
пилот

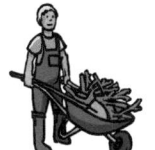

园丁

градинар

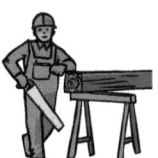

木匠

мебелист

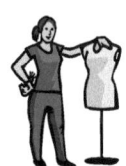

裁缝

шивачка

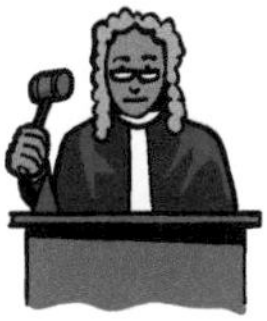

法官

съдия

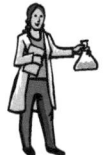

化学家

химик

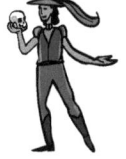

演员

артист

公交车司机

шофьор на автобус

出租车司机

шофьор на такси

渔夫

рибар

清洁女工

чистачка

屋顶工

майстор на покриви

服务员

келнер

猎人

ловец

画家

художник

面包师

хлебар

电工

електротехник

建筑工人

строителен работник

工程师

инженер

屠夫

касапин

水管工

тенекеджия

邮递员

пощальон

士兵

войник

建筑师

архитект

收银员

касиер

花农

цветар

理发师

фризьор

售票员

кондуктор

机械师

механик

船长

капитан

牙医

зъболекар

科学家

научен работник

拉比

равин

伊玛目

имàм

和尚

монах

牧师

свещеник

工具

инструменти

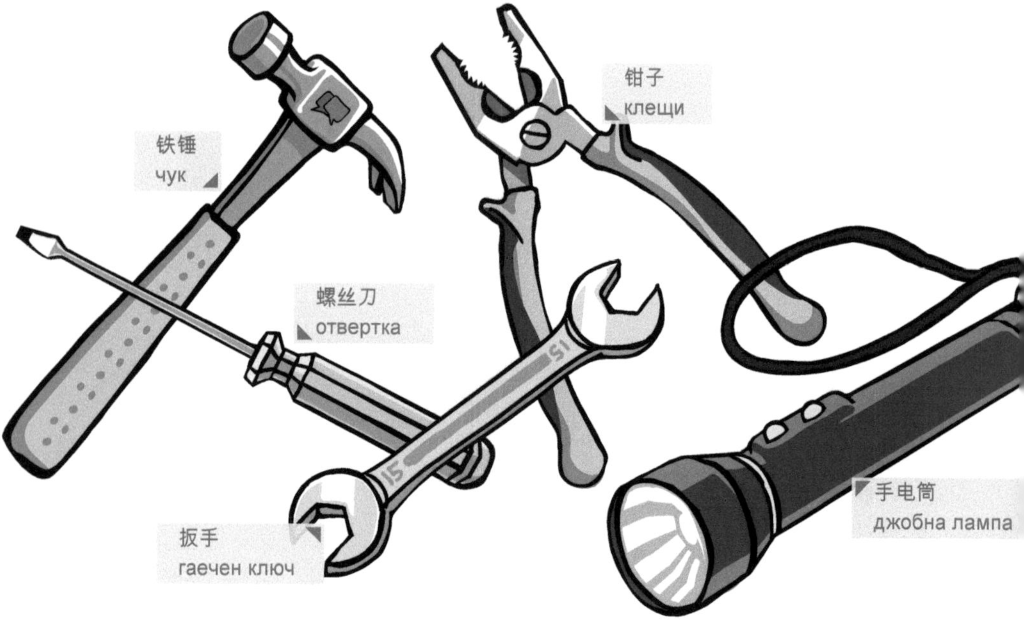
铁锤
чук
钳子
клещи
螺丝刀
отвертка
扳手
гаечен ключ
手电筒
джобна лампа

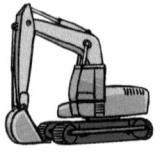

挖掘机

багер

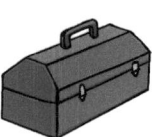

工具箱

кутия за инструменти

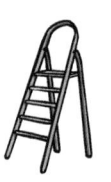

梯子

стълба

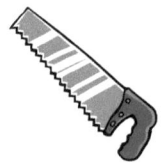

锯子

трион

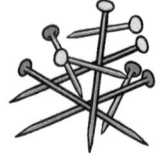

钉子

пирони

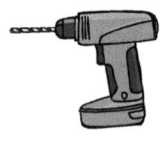

钻机

бормашина

修
ремонтирам

铲子
лопата

靠！
По дяволите!

簸箕
лопатка за смет

油漆桶
кутия за боя

螺丝
болтове

乐器

музикални инструменти

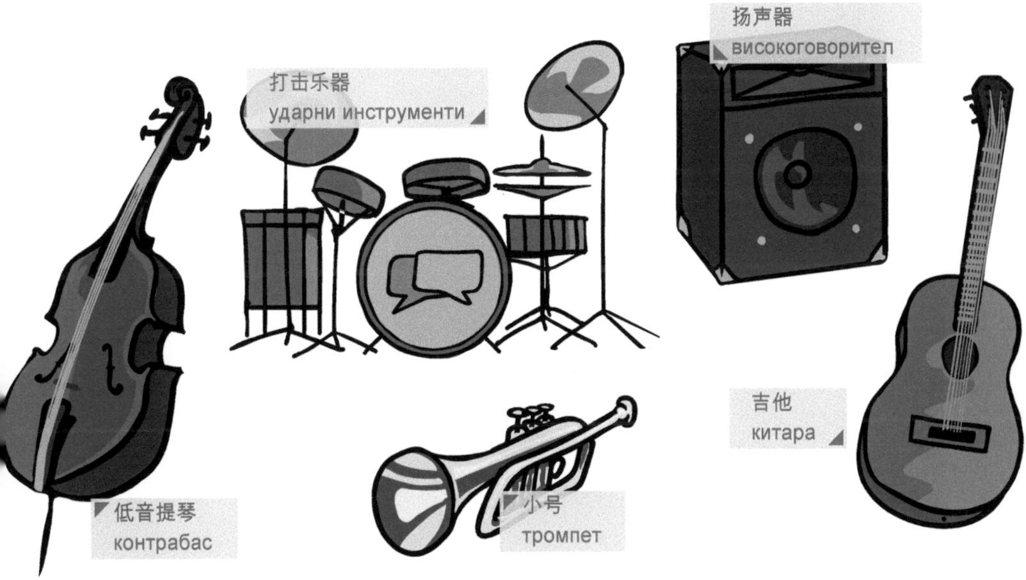

打击乐器
ударни инструменти

扬声器
високоговорител

吉他
китара

低音提琴
контрабас

小号
тромпет

钢琴
пиано

小提琴
виолина

贝斯
контрабас

定音鼓
тимпан

鼓
барабан

电子琴
електрическо пиано

萨克斯管
саксофон

长笛
флейта

麦克风
микрофон

动物园

зоологическа градина

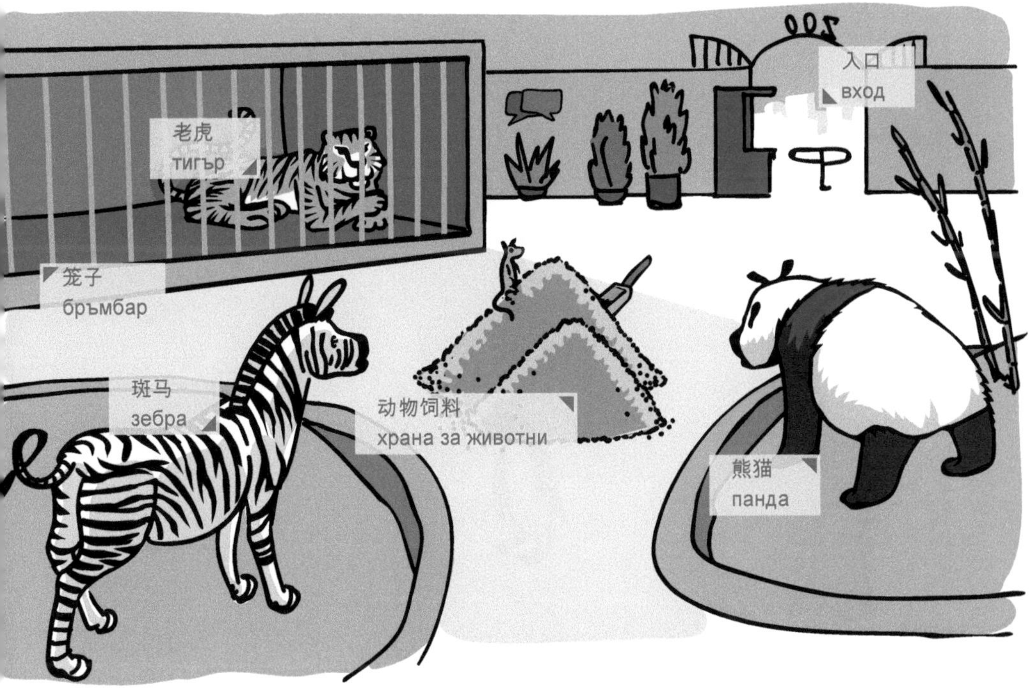

老虎
тигър
入口
вход
笼子
бръмбар
斑马
зебра
动物饲料
храна за животни
熊猫
панда

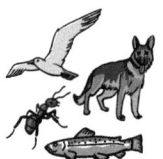

动物

животни

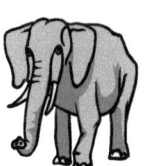

大象

слон

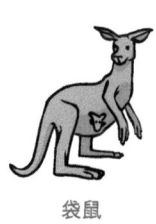

袋鼠

кенгуру

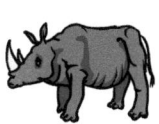

犀牛

носорог

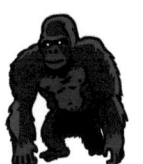

大猩猩

горила

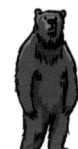

熊

мечка

骆驼

камила

鸵鸟

щраус

狮子

лъв

猴子

маймуна

火烈鸟

фламинго

鹦鹉

папагал

北极熊

бяла мечка

企鹅

пингвин

鲨鱼

акула

孔雀

паун

蛇

змия

鳄鱼

крокодил

动物园管理员

пазач в зоологическа
градина

海豹

тюлен

美洲豹

ягуар

矮种马

пони

豹

леопард

河马

хипопотам

长颈鹿

жираф

老鹰

орел

野猪

диво прасе

鱼

риба

龟

костенурка

海象

морж

狐狸

лисица

羚羊

газела

橄榄球
американски футбол

骑自行车
колоездене

网球
тенис

篮球
баскетбол

游泳
плуване

拳击
бокс

冰球
хокей на лед

英式足球

футбол

羽毛球

бадминтон

田径

лека атлетика

手球

хандбал

滑雪

ски бягане

马球

поло

跳
скачам

拥抱
прегръщам

笑
смея се

走路
вървя

唱
пея

做梦
сънувам

祈祷
моля се

亲吻
целувам

书写
пиша

画
рисувам

展示
показвам

推
бутам

给
давам

拿
взимам

有
имам

做
правя

当
съм

站
стоя

跑
тичам

拉
дърпам

扔
хвърлям

摔倒
падам

躺
лежа

等待
чакам

携带
нося

坐
седя

穿衣
обличам

睡觉
спя

醒来
събуждам се

看

разглеждам

哭

плача

抚摸

милвам

梳头

реша се

交谈

говоря

明白

разбирам

问

питам

听

слушам

喝

пия

吃

ям

清理

разтребвам

爱

обичам

做饭

готвя

开车

карам автомобил

飞

летя

航行

плавам (с платна)

计算

смятане

读

чета

学习

уча

工作

работя

结婚

женя се

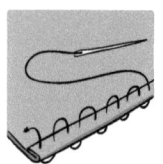

缝

шия

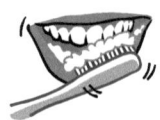

刷牙

измивам си зъбите

杀

убивам

抽烟

пуша

寄

изпращам

семейство

祖母
баба

祖父
дядо

父亲
баща

母亲
майка

婴童
бебе

女儿
дъщеря

儿子
син

客人

посетител

阿姨

леля

叔叔

чичо

兄弟

брат

姐妹

сестра

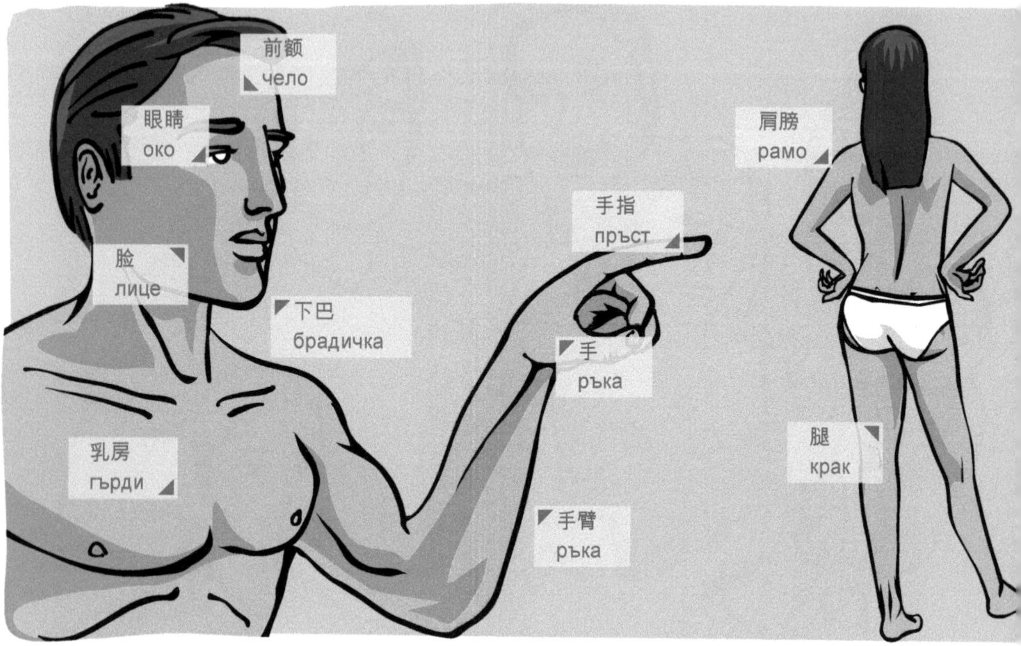

前额
чело

眼睛
око

肩膀
рамо

手指
пръст

脸
лице

下巴
брадичка

手
ръка

乳房
гърди

腿
крак

手臂
ръка

婴童
бебе

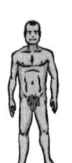

男人
мъж

女人
жена

女孩
момиче

男孩
момче

头
глава

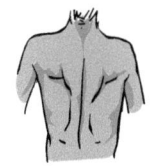

背部

гръб

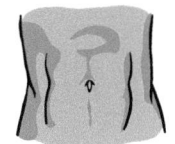

肚子

корем

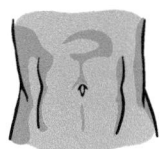

肚脐

пъп

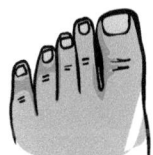

脚趾

пръст на крака

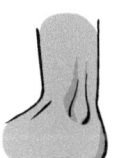

脚后跟

пета

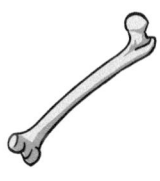

骨头

кост

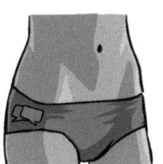

臀部

хълбок

膝盖

коляно

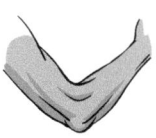

手肘

лакът

鼻子

нос

屁股

седалище

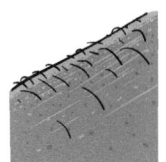

皮肤

кожа

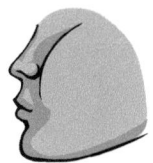

脸颊

буза

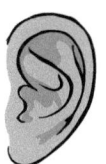

耳朵

ухо

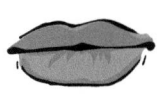

嘴唇

устна

身体 - тяло

嘴

уста

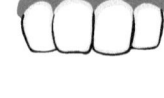

牙齿

зъб

舌头

език

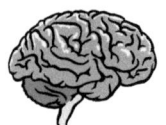

脑

мозък

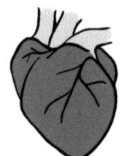

心脏

сърце

肌肉

мускул

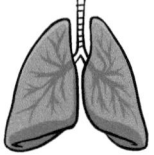

肺

бял дроб

肝脏

черен дроб

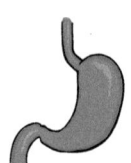

胃

стомах

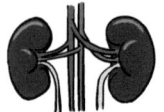

肾脏

бъбреци

性交

полово сношение

避孕套

кондом

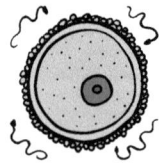

卵子

яйцеклетка

精子

сперма

怀孕

бременност

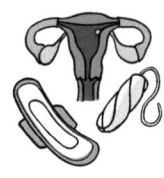

月经

менструация

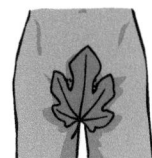

阴道

вагина

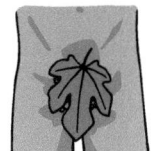

阴茎

пенис

眉毛

вежда

头发

коса

脖子

шия

医院

болница

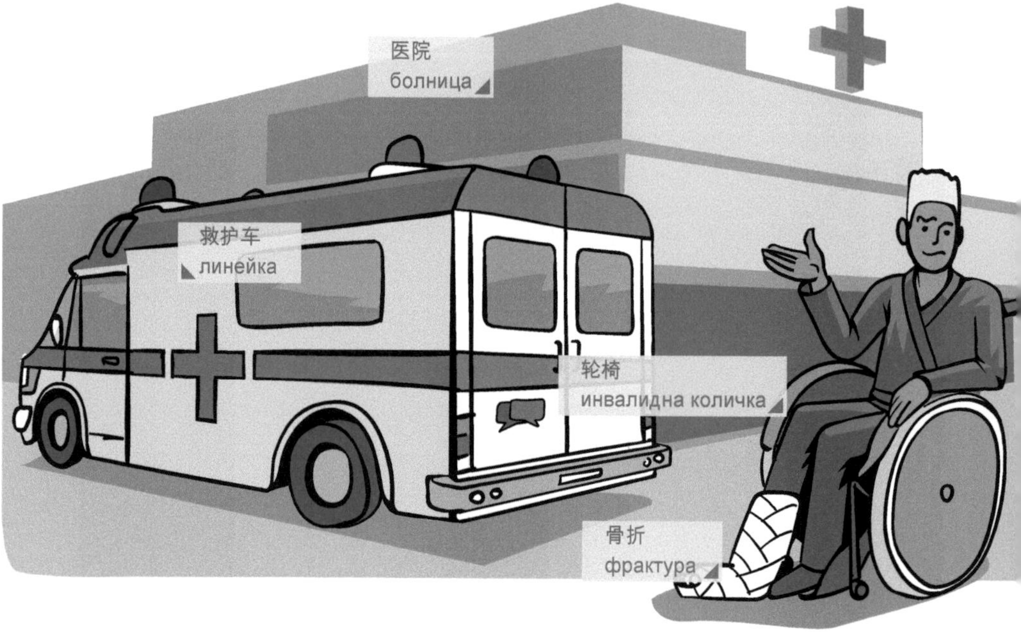

医院
болница
救护车
линейка
轮椅
инвалидна количка
骨折
фрактура

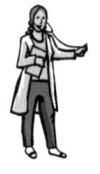

医生

лекар

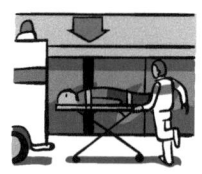

急诊室

спешна хоспитализация

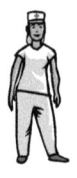

护士

медицинска сестра

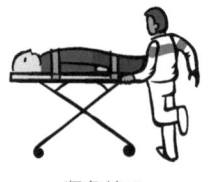

紧急情况

спешен случай

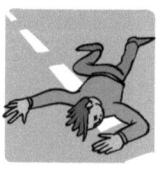

昏迷

в безсъзнание

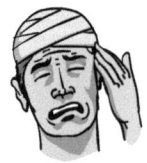

痛

болка

受伤

нараняване

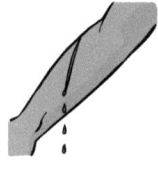

出血

кървене

心脏病发作

инфаркт

中风

инсулт

过敏

алергия

咳嗽

кашлица

发烧

температура

流感

грип

腹泻

диария

头痛

главоболие

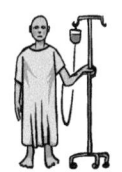

癌症

рак

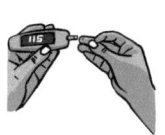

糖尿病

диабет

外科医生

хирург

手术刀

скалпел

手术

операция

医院 - болница

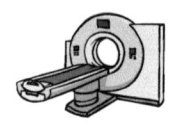

CT

компютърна томография

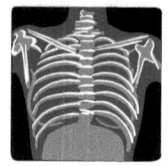

X光

рентген

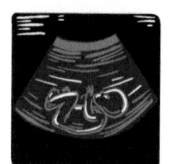

超声波

ултразвук

口罩

маска

疾病

болест

候诊室

чакалня

拐杖

патерица

石膏

пластир

绷带

превръзка

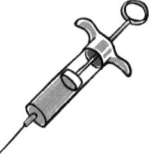

注射

инжекция

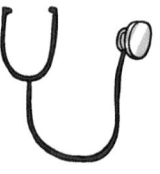

听诊器

стетоскоп

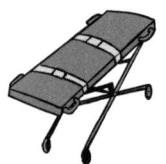

担架

носилка

体温计

термометър

出生

раждане

超重

наднормено тегло

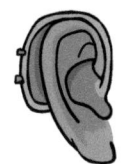

助听器

слухов апарат

消毒液

дезинфекционно средство

感染

инфекция

病毒

вирус

艾滋病

HIV / AIDS

药物

медицина

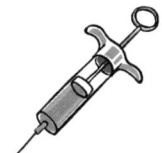

接种疫苗

ваксинация

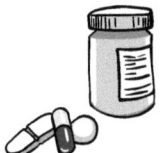

药片

таблети

药丸

противозачатъчна
таблетка

急救电话

спешно телефонно
обаждане

血压计

апарат за измерване на
кръвното налягане

生病/健康

болен / здрав

医院 - болница

救命！

Помощ!

警报

сигнал за тревога

突击

нападение

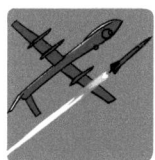

攻击

атака

危险

опасност

紧急出口

авариен изход

着火啦！

Пожар!

灭火器

пожарогасител

意外

злополука

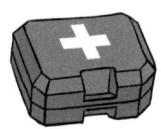

急救箱

комплект за оказване на
първа помощ

呼救信号

SOS

警察

полиция

欧洲

Европа

北美洲

Северна Америка

南美洲

Южна Америка

非洲

Африка

亚洲

Азия

澳洲

Австралия

大西洋

Атлантически океан

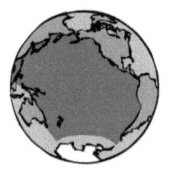

太平洋

Тихи океан

印度洋

Индийски океан

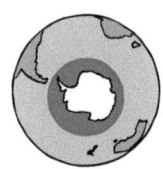

南冰洋

Южен ледовит океан

北冰洋

Северен ледовит океан

北极

Северен полюс

南极
Южен полюс

南极洲
Антарктида

地球
Земя

陆地
суша

海
море

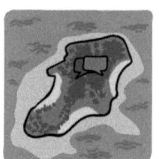

岛
остров

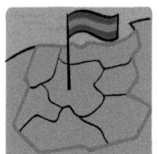

国家
нация

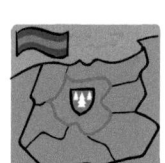

国家
държава

钟面

циферблат

时针

стрелка на часовете

分针

стрелка на минутите

秒针

стрелка на секундите

现在几点？

Колко е часът?

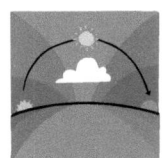

天

ден

时间

време

现在

сега

电子表

дигитален часовник

分

минута

时

час

周

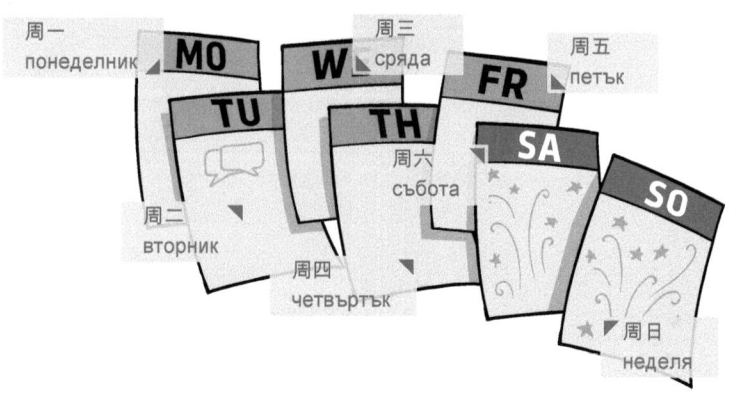

周一 понеделник
周三 сряда
周五 петък
周二 вторник
周六 събота
周四 четвъртък
周日 неделя

昨天

вчера

今天

днес

明天

утре

早晨

сутрин

中午

обед

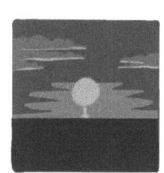

晚上

вечер

MO	TU	WE	TH	FR	SA	SU
1	2	3	4	5	6	7
8	9	10	11	12	13	14
15	16	17	18	19	20	21
22	23	24	25	26	27	28
29	30	31	1	2	3	4

工作日

работни дни

MO	TU	WE	TH	FR	SA	SU
1	2	3	4	5	6	7
8	9	10	11	12	13	14
15	16	17	18	19	20	21
22	23	24	25	26	27	28
29	30	31	1	2	3	4

周末

уикенд

雨
▶ дъжд

彩虹
▶ дъга

风
▶ вятър

雪
▶ сняг

春
▶ пролет

夏
▶ лято

秋
▶ есен

冬
▶ зима

天气预报

прогноза за времето

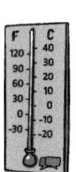

温度计

термометър

阳光

слънчева светлина

云

облак

雾

мъгла

潮湿

влажност на въздуха

闪电

светкавица

打雷

гръмотевица

风暴

буря

冰雹

градушка

季风

мусон

洪水

наводнение

冰

лед

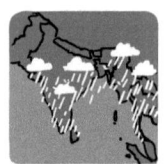

一月

януари

二月

февруари

三月

март

四月

април

五月

май

六月

юни

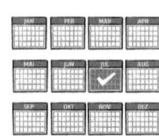

七月

юли

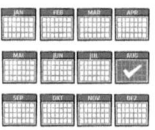

八月

август

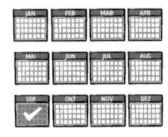

九月

септември

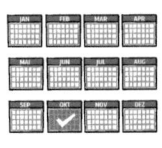

十月

октомври

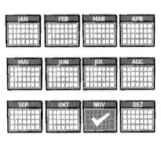

十一月

ноември

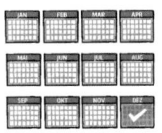

十二月

декември

形状

форми

圆形

кръг

正方形

квадрат

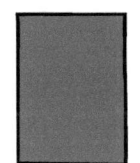

长方形

четириъгълник

三角形

триъгълник

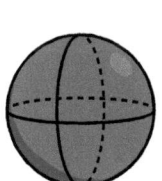

球体

сфера

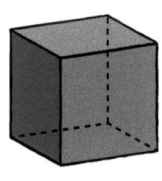

立方体

куб

白

бял

黄

жълт

橙

оранжев

粉

розов

红

червен

紫

лилав

蓝

син

绿

зелен

棕

кафяв

灰

сив

黑

черен

很多/少许

много / малко

生气/平静

ядосан / спокоен

美/丑

красив / грозен

首/尾

начало / край

大/小

голям / малък

明/暗

светъл / тъмен

兄弟/姐妹

брат / сестра

干净/肮脏

чист / мръсен

完整/缺失

пълен / непълен

白天/晚上

ден / нощ

死/生

мъртъв / жив

宽/窄

широк / тесен

可食用/非食用

ядлив / неядлив

邪恶/善良

сърдит / любезен

兴奋/无聊

развълнуван / скучаещ

胖/瘦

дебел / тънък

第一/最后

най-напред / най-накрая

朋友/敌人

приятел / враг

满/空

пълен / празен

硬/软

твърд / мек

重/轻

тежък / лек

饿/渴

глад / жажда

生病/健康

болен / здрав

非法/合法

нелегален / легален

聪明/愚笨

интелигентен / глупав

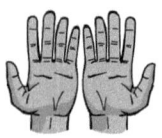

左/右

ляво / дясно

近/远

близо / далече

新/旧

нов / употребяван

没有/有些

нищо / нещо

老/幼

стар / млад

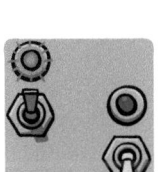

开/关

вкл. / изкл.

打开/合上

отворен / затворен

安静/吵闹

тих / силен (звук)

富/穷

богат / беден

对/错

правилен / погрешен

粗糙/光滑

грапав / гладък

伤心/高兴

тъжен / щастлив

短/长

дълъг / къс

慢/快

бавен / бърз

湿/干

мокър / сух

温暖/凉爽

топъл / студен

战争/和平

война / мир

0	**1**	**2**
零	一	二
нула	едно	две

3	**4**	**5**
三	四	五
три	четири	пет

6	**7**	**8**
六	七	八
шест	седем	осем

9	**10**	**11**
九	十	十一
девет	десет	единадесет

12

十二

дванадесет

13

十三

тринадесет

14

十四

четиринадесет

15

十五

петнадесет

16

十六

шестнадесет

17

十七

седемнадесет

18

十八

осемнадесет

19

十九

деветнадесет

20

二十

двадесет

100

百

сто

1.000

千

хиляда

1.000.000

百万

милион

数字 - числа

语言

英语

англииски

美式英语

американски англииски

普通话

китайски мандарин

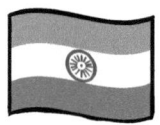

印地语

хинди

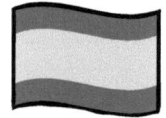

西班牙语

испански

法语

френски

阿拉伯语

арабски

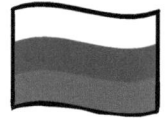

俄语

руски

葡萄牙语

португалски

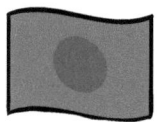

孟加拉语

бенгалски

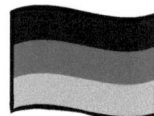

德语

немски

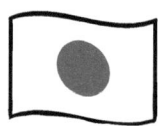

日语

японски

我

аз

你

ти

他/她/它

той / тя / то

我们

ние

你们

вие

他们

те

谁？

кой?

什么？

какво?

怎样？

как?

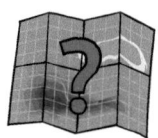

哪里？

къде?

什么时候？

кога?

名字

име

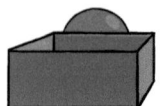

后面
....
зад

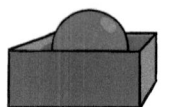

里面
....
в

前面
....
пред

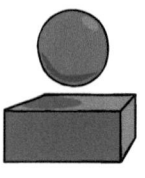

上方
....
над

上面
....
върху

下面
....
под

旁边
....
до

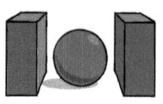

中间
....
между

地点
....
място